BOOKWORMS

Exactamente lo opuesto

Arriba
Abajo

Sharon Gordon

Marshall Cavendish
Benchmark
Nueva York

La cometa está arriba.

La cometa está abajo.

El perro está arriba.

El perro está abajo.

La pelota está arriba.

La pelota está abajo.

El gato está arriba.

El gato está abajo.

La niña está arriba.

La niña está abajo.

La rana está arriba.

La rana está abajo.

El globo está arriba.

El globo está abajo.

El subibaja está arriba.

El subibaja está abajo.

El niño está arriba.

¡Bájate ya!

Palabras que sabemos

pelota

globo

niño

gato

perro   rana   niña

cometa   subibaja

Índice

Las páginas indicadas con números en **negrita** tienen ilustraciones.

Datos biográficos de la autora

Sharon Gordon ha escrito muchos libros para niños. También ha trabajado como editora. Sharon y su esposo Bruce tienen tres niños, Douglas, Katie y Laura, y una perra consentida, Samantha. Viven en Midland Park, Nueva Jersey.

Agradecemos a las asesoras de lectura Nanci Vargus, Dra. en Ed., y Beth Walker Gambro.

Marshall Cavendish Benchmark
99 White Plains Road
Tarrytown, New York 10591-9001
www.marshallcavendish.us

Library of Congress Cataloging-in-Publication Data

Gordon, Sharon.
[Up / down. Spanish]
Arriba abajo / Sharon Gordon. — Edición en español.
p. cm. — (Bookworms. Exactamente lo opuesto)
Includes index.
ISBN-13: 978-0-7614-2369-0 (edición en español)
ISBN-10: 0-7614-2369-9 (edición en español)
1. Space perception—Juvenile literature. I. Title. II. Series: Gordon, Sharon. Bookworms. Exactamente lo opuesto.

BF469.G6718 2006
468.1—dc22
2006015799

Traducción y composición gráfica en español de Victory Productions, Inc.
www.victoryprd.com

Investigación fotográfica de Anne Burns Images

Fotografías de la cubierta de *Corbis*: (arriba: exenta de regalías), (abajo: Tim Davis)
Los permisos de las fotografías utilizadas en este libro son cortesía de: *Photri, Inc.*: pp. 1 (izquierda), 4 Wachter; pp. 1 (derecha), 5, 20 (abajo a la derecha) Bonnie Sue Ranch; pp. 2, 3, 21 (arriba a la derecha) Fotopic; p. 6 James Kirby; pp. 7, 20 (arriba a la izquierda) Brian Drake. Corbis: pp. 8, 10, 20 (abajo a la izquierda) exentas de regalías; pp. 9, 20 (abajo al centro) Tim Davis; p. 11 Cat Gwynn; pp. 14, 20 (abajo a la izquierda) Paul A. Souders; p. 15 Bosco Laura/Sygma; pp. 18, 20 (arriba a la derecha) Laura Doss. *Animals Animals*: pp. 12, 13, 21 (arriba a la izquierda) Stephen Dalton. *Photo Edit*: pp. 16, 17, 21 (abajo a la derecha) Myrleen Ferguson Cate. *SWA Photo*: p. 19.

Diseño de la serie de Becky Terhune

Impreso en Malasia
1 3 5 6 4 2